Fühl mal hin...

Wie viel Spiritualität tut dir gut?

Fühl mal hin...

Wie viel Spiritualität tut dir gut?

In diesem Buch geht es um zusammenge-
tragene Erfahrungen im Bereich der Spiritualität. Wer sich darauf einlässt, kann im
Selbststudium zu einer wertvollen inneren
Weisheit gelangen.

Bibliografische Information der Deutschen Nationalbibliothek: Die Deutsche Nationalbibliothek ver-
zeichnet diese Publikation in der Deutschen Natio-
nalbibliografie; detaillierte bibliografische Daten
sind im Internet über dnb.dnb.de abrufbar.

© 2021 Heidi Höck
Herstellung und Verlag:
BoD - Books on Demand, Norderstedt

ISBN: 978-3-7543-3784-4

Inhaltsverzeichnis

Vorwort:

Vieles hat der Einzelne schon gelesen oder gehört. Die nicht enden wollenden Informationen tragen dazu bei, dass man den Blick für die Einfachheit verliert. Die Klarheit des Betrachters ist abhängig von seinen inneren Werten. Gemachte Erfahrungen können uns leiten, und ein guter Zugang zu einer uns allen innewohnenden Quelle oder Kraft werden. Ein tiefes Vertrauen führt uns durch schwierige Lebensphasen hindurch und hinterlässt ein wertvolles Potential. Wenn wir wie die Kinder oder ein begeisterungsfähiger Forscher agieren, um uns in ein neues Wissensgebiet vorzuwagen, bleibt der Wert der Erfahrung unverfälscht. Wir können zum Beobachter unseres eigenen Lebens werden. Wenn ein jeder von uns sich in der Tiefe kennenlernt, kann dieses Erfahren sich sehr positiv für den Einzelnen, aber auch auf das Leben aller Menschen auswirken. Hierbei können uns bestehende Lebensprinzipien sowie gereiftes angesammeltes Wissen beflügeln. Wir haben die Chance vieles zu hinterfragen damit unsere Lebensqualität zunimmt. Unser Energiepotential ist wandelbar. Nur Mut. Probiert es aus.

Das Wort Spiritualität ist heutzutage meines Erachtens nach, einer der nebulösesten Begriffe überhaupt. Entweder verziehen Menschen gleich das Gesicht, wenn das Gespräch in diese Richtung führt, oder aber sie verfallen gleichsam in eine andere Welt. Ich habe nur wenige Personen getroffen, die ihren „Spirit" intelligent für sich nutzen. Diese besondere Gabe in wichtige Lebensentscheidungen einfließen zu lassen, kann unseren Weg enorm bereichern. Ich nenne es eine Gabe, da ich erfahrungsgemäß im zwischenmenschlichen Kontakt feststellen durfte, dass diese Neigung zum Spirituellen, nicht in jedem Menschen einheitlich angelegt ist. Die Verteilung verläuft meines Erachtens nach einem größeren Plan. Nicht jede dieser Personen scheint hiermit „gesegnet" zu sein. Die spirituellen Energien können wir uns zunutze machen, indem wir wie ein Zauberer fungieren. Wir zaubern uns, für jede uns bedeutende Situation, die bestmögliche Handlungsenergie herbei. Wie ein Anpassungskünstler wandeln wir unsere gegenwärtigen Kräfte in eine für diese Situation geeignetere Leistung um. Wir jonglieren wie ein Magier mit den Naturkräften Feuer, Erde, Wasser und Luft. Der gut überlegte Umgang mit diesen Naturelementen bringt uns eine große Bereicherung. Die Quintessenz dessen bedeutet im richtigen Moment innezuhalten, um sich zu vergegenwärtigen, welche dieser Energien gerade erfolgsversprechend wirken. Natürlich birgt dies ein hohes Wachstumspotential für unsere Persönlichkeit, denn nicht in jeder dieser vier Handlungsenergien, sind wir gleich gut. In unseren mitgebrachten Geburtsenergien (Horoskop) fühlen wir uns sicher. Das bereichernde, aber eher fremde Potential liegt im „Verdeckten". Ich hoffe dem Leser einige Inspirationen zu geben, um durch ein Umdenken seiner Glaubensmuster, seinem Leben zu mehr Fülle zu verhelfen. Das Entfachen unserer individuellen Talente hilft uns dabei, unseren innewohnenden Lebensfunken für lange Zeit aufleuchten zu lassen. Wenn wir dabei auch ganz liebevoll unsere Schattenthemen annehmen und umarmen, unterstützen uns diese wie Bruder und Schwester.

Ich hatte gerade die Hälfte des Buchinhaltes fertig, da betrat ein sehr großer Lehrmeister, der Corona Virus, die Bühne dieses Lebens. Alles was einige Menschen vor dieser Zeit mit großen Anstrengungen versuchten, vollbrachte dieser Virus in kürzester Zeit. Die Krankheit als Einzelschicksal, oder aber auf der kollektiven Ebene für die gesamte Menschheit, hat immer schon dazu beigetragen, den Blick auf das große Ganze, zu verändern. Mit einer rasanten Geschwindigkeit entschleunigte sich die Welt. Vieles kam zum Stillstand. Die Menschheit bekam Zeit über sich, und ihr bisheriges Leben nachzudenken. Eine mächtige Angst machte sich breit. Der Mensch fürchtet alles was er nicht kontrollieren kann. Existenzen wurden überdacht, und vieles in Frage gestellt. Leider forderte die Krise auch viele Opfer, aber das gehörte immer schon zum Lauf der Natur.

Wenn wir im tiefen Vertrauen die größeren Zusammenhänge sehen und erfassen können, spüren wir das ein mächtiger Geist uns allezeit behütet und beschützt. Im persönlichen, wie auch im kollektiven Miteinander, werden wir von einer magischen Kraft geführt. Das bedeutet nicht, dass wir uns ausruhen können, da die Fäden für uns sowieso im Hintergrund gesponnen werden. Nicht jeder glaubt an etwas Übernatürliches, aber das ist auch nicht notwendig. Anstatt jeden Tag aufs Neue ins Hamsterrad einzusteigen, sollten wir auch beizeiten innehalten, um gegebenenfalls unseren Kurs neu zu überdenken.

Meine Erfahrungen zeigten mir, dass ich mich stets allen Herausforderungen des Lebens stellen muss, aber mit einem klaren, offenen Geist vertrauensvoll meinem eigenen Ziel entgegen steuern kann. Die starken Kräfte der Natur haben mich stets unterstützt, und angeleitet mir selbst dabei immer treu zu bleiben. Mit einer reinen, ureigenen Gesinnung sollten wir versuchen, unser Bestes aus uns herauszuholen, damit unsere Talente und Potentiale die Welt bereichern können. Hierbei sollten wir sowohl eine totale Aufopferung, für uns oder Andere, als auch ein Desinteresse, an uns und den Rest der Welt vermeiden.

Das Schlüsselwort für kontinuierliches Sich weiter entwickeln heißt Selbstwert. Unzählige Male hörte ich: An meinem Selbstwert muss ich noch arbeiten! Oft sagt man eher ein Ja, wo man doch ein Nein denkt. Das Setzen unserer eigenen Grenzen dauert oft Jahre oder Jahrzehnte. Wir fühlen uns in der Opferrolle tatsächlich besser. Dies hat teilweise mit der Erziehung in der Kindheit zu tun. Manchmal hat man aber auch einfach das Gefühl, eine nicht genauer definierbare Schuld zwingt uns, angepasst zu bleiben. Das darüber Hinauswachsen kostet oft viel Kraft. Es braucht viel Eigenreflektion und Persönlichkeitsentwicklung, um zu verstehen, dass jeder Mensch schon durch die Tatsache seiner Existenz wertvoll ist.

In diesem Buch gebe ich einige Tipps weiter, wie man es schaffen kann geerdet und doch angebunden an etwas viel Höherem, seinen Weg zu beschreiten. Es ist ein kleiner Ratgeber, der den Leser inspirieren und anregen soll, die nicht sichtbaren Dinge in Demut zu achten und in die Lebensentscheidungen mit einzubeziehen. Es ist von uns und unserer Einstellung zum Leben abhängig, ob wir erfüllende Erfahrungen machen, oder die Welt als eine Art Last empfinden. Wenn wir die Gegebenheiten akzeptieren und wohlwollend betrachten, kann ein kleiner Funken unseres spirituellen Geistes, unser Kompass und Begleiter sein.

Die innere Mitte

Aus der Mitte heraus leben klingt so schön. Aber wie ist das mit der Familie, Partner/in, Freunden, Beruf, Freizeit und mit dem Alltag zu vereinbaren? Jeder kennt sicherlich den Moment im Leben, in dem wir merken, dass es gerade nicht so gut läuft. Wenn unser Dasein in eine Schieflage geraten ist, spüren wir es manchmal ziemlich deutlich. Irgendetwas stimmt nicht mit uns. Vielleicht fühlen wir uns ständig müde und schlapp. Die Energie des Tages ist schon am Vormittag verbraucht. Der Beruf erfüllt uns nicht, oder aber nicht mehr. Vielleicht sind wir nicht mehr in der Lage unser Leben zu bestimmen und wir bekommen das Gefühl vom Leben selbst gelebt zu werden. Wir arbeiten nur noch, um dadurch finanzielle Sicherheit zu haben, und die anfallenden Rechnungen zu bezahlen. Eine große Unzufriedenheit kann sich über unser Lebensgefühl ausbreiten. Immer wenn wir es merken, fangen wir an uns zu fragen, was falsch läuft. Wir denken angestrengt nach, was wir ändern könnten. Wir sammeln neue Informationen, um gute Entscheidungen für uns zu treffen.

In diesen Situationen befand ich mich auch schon oft, und habe meine Spiritualität mit zu Rate gezogen. Ich habe mich meiner Wurzeln besonnen, und mich darauf verlassen, dass es eine höhere Intelligenz gibt, die mich anleitet. Da wir immer dann unsere innere Mitte vermissen, wenn Körper, Seele und Geist nicht in Einklang miteinander sind, liegt hier auch der Schlüssel verborgen. Ich will es mal so ausdrücken: Ich habe festgestellt, dass jeder Mensch über eine innere Instanz verfügt, die sich meldet, um den Kurs des Lebens neu zu überdenken. Ich erkläre es mir so, dass der in Jedem innewohnende Lebensfunke, uns seine Unlust am derzeitigen Dasein bekundet. Vermutlich haben wir uns selbst in irgendeiner Weise blockiert.

Vielleicht jagen wir mit einer hohen Geschwindigkeit von Termin zu Termin, und unsere Seele kommt einfach nicht hinterher. Wenn wir zu dieser leisen inneren Stimme eine gute Verbindung haben, fällt es uns leicht, hinzuhören. Wenn wir noch am Lebensanfang stehen, und noch nicht so viele Herausforderungen hatten, dann kann es uns auf sehr viele Irrwege führen. Diese sind aber auch Wege, daher kann man durchaus daraus lernen. Auf jeden Fall ist es ratsam, etwas Geschwindigkeit aus dem Tempo, mit dem wir unterwegs sind, zu nehmen. Wenn wir uns eine Auszeit nehmen, um in uns hineinzuhorchen, dann ist das oft schon der erste Schritt in eine verändernde Richtung.

Sollte mein Beruf mir noch Spaß machen, aber einige Tätigkeiten mich nicht mehr erfüllen, dann könnten wir uns überlegen dies zu verändern. Wenn es eine berufliche Neuorientierung ist, dann dürfen wir uns nicht von unserer Angst beeinflussen lassen. Diese schränkt uns ein, damit wir in der bequemen alten Situation verweilen. Diese Angstenergie, die uns vermitteln möchte, vorsichtig zu sein, hat archaische Hintergründe. Ich überlege mir dann immer, ob ich es mir selbst zutraue, einen Neuanfang zu starten. Genauer gesagt, ob ich über genügend Disziplin, Motivation, Anpassungsfähigkeit, Ehrgeiz, Tatkraft und Hingabe verfüge, um das Neue zu begrüßen. Sollten wir an uns selbst zweifeln, ist es gut, dieses einmal genauer zu hinterfragen. Z.B. Wann haben die Zweifel angefangen. Hier kann man die vorherrschenden Glaubenssätze einmal genauer betrachten. Ich finde in diesem Zusammenhang die Worte „denke groß" sehr hilfreich. Unser Geist ist unendlich mächtig, und wenn wir ihm einen Impuls in die wegweisende Richtung geben, dann können schon mal kleine Wunder geschehen.

Kommt unsere Unzufriedenheit eher aus dem familiären Umfeld, dann sollten wir uns nicht scheuen, für Klarheit zu sorgen. Ich habe festgestellt, dass die Wahrheit anfangs immer etwas lähmend ist. Nach einiger Zeit aber fühlt es sich besser an. Natürlich sollten wir bei Aussprachen die richtigen Worte wählen. Ein gesprochenes Bewusstsein beinhaltet, dass ich mir über die Tragweite meiner Worte bewusst bin. Es ist gut sich zu öffnen, um eventuellen Frust zu befreien. Alles was wir im wahrsten Sinne des Wortes schlucken, bleibt auch auf der Körperebene als negative Emotion angehaftet. Wenn wir zu unserem inneren Wesenskern stehen, können sich

Lösungen ergeben, die uns wieder in unseren Ausgleich bringen.

Mir hat bei Problemen immer die Einfachheit geholfen. Die Lösungsschritte, die ich für mich erarbeitet habe, haben immer mit einbezogen, dass ich, um mich zu verändern vielleicht etwas loslassen muss. Wenn sich danach mein Einkommen verringerte, fragte ich mich stets was ich wirklich zum Leben brauche. Die elementaren Bedürfnisse wie Essen, Schlafen, eine Unterkunft und angenehme Kontakte sind wichtig. Meine Erfahrungen zeigten mir schon sehr früh, dass die Kraft der Einfachheit eine ganz besondere Wirkung hat. Wer sich auf die elementaren Dinge des Lebens beschränken kann, genießt jede Besonderheit in vollen Zügen. Die kleinen Dinge im Leben können durchaus mal etwas gefeiert werden.

Einen Rückschritt im Leben zu machen, heißt auch, dass ich mich mit kleineren Schritten neuen Zielen und etwas Großem nähern kann. Dann kann es auch einmal sein, dass unsere Geduld und Ausdauer einige Zeit auf die Probe gestellt werden. Hier heißt es dann: Durchhalten! Damit in solchen Zeiten meine Gedanken nicht zu laut werden, habe ich mich oft mit Sport abgelenkt. Wenn man dann abends ausgepowert ins Bett fällt, stehen die Chancen gut, am nächsten Morgen mit einem erneuten Tatendrang wieder aufzuwachen. Oft fielen mir dann wieder leichter neue Ideen ein, um schneller zu einem guten Ergebnis zu komme. Das liegt vermutlich daran, dass zu viel Grübeln den Verstand ermüdet. Kaum lasse ich die lästigen Gedankenschleifen los, erholt sich unser Gehirn, und ordnet die vorherigen Informationen in die dafür vorgesehenen Gehirnstrukturen ein. Danach ist für unser Gehirn ein neuer Ideenreichtum sehr viel wahrscheinlicher. Ein geordneter Geist leistet gute Arbeit.

Um die Kopftätigkeit zu entlasten, kann man sich mit Atemtechniken beschäftigen. Wenn sich meine ganze Aufmerksamkeit auf das Atmen konzentriert, dann steht das Gedankenkarussell für einige Zeit still. Sehr bedeutende Leute haben herausgefunden, dass wir nicht mit voller Konzentration und Aufmerksamkeit atmen, und im selben Augenblick noch denken können. Lass ich mich also, ganz tief auf jeden einzelnen Ein- und Ausatemzug ein, dann schneide ich das Band zu meiner Gedankenwelt für einen kurzen Zeitraum durch. Wenn ich es zulassen kann, dann eröffnet sich mir ein Raum mit einer friedlichen Stille.

An die Erdung denken

Eine gute Erdung zu beschreiben ist gar nicht so einfach. Es fällt uns doch meist erst dann auf, dass etwas nicht stimmt, wenn es zu spät ist. Ist unsere Zeit durch zu viele Termine begrenzt, hat man oft das Gefühl, sich selbst und Anderen nicht mehr gerecht werden zu können. Wir machen es oft an dem Wort der Bodenständigkeit fest und richten uns hier nach Äußerlichkeiten. Wir nehmen an, wenn Jemand ein großes Haus, ein schönes Auto und einen lukrativen Job hat, dann sollte alles geerdet ablaufen. Sozusagen mit beiden Beinen fest im Leben stehend. Dann hören wir in diesem Zusammenhang von Krankheit oder psychischem Leid, und schon sind wir froh nicht in dieser Haut zu stecken. Wir sind voller Mitgefühl mit diesem Menschen und unser oft unruhiger Geist, lässt uns für kurze Zeit in Ruhe.

Ich glaube ein intaktes Umfeld, eine Familie, gute ehrliche Beziehungen, und erfüllende Aufgaben bringen uns tief mit uns selbst in Kontakt. Wir treffen gute Entscheidungen, und beziehen dabei einen Blick auf das große Ganze mit ein. Hier würde ich den spirituellen Grundgedanken, zu allem was existiert, mit in den Fokus meiner Betrachtung nehmen. Genauer gesagt, ich überprüfe, ob die gewählte Richtung zum Wohlergehen aller Menschen beiträgt, und ich mich mit meinen getroffenen Entscheidungen gut fühle. Damit haben wir schon ein gewisses Urvertrauen hergestellt, und stellen uns den kommenden Herausforderungen optimistisch und mit Leib und Seele. Eine ureigene reine Absicht, sein Bestes zu geben, um dann dem Strom des Lebens mit einem klaren Geist zu folgen.

Es gibt sehr viele Erdungsübungen, die uns kurzfristig wieder zu uns führen. Eine nützliche Baummeditation, in der wir unsere Wurzeln in die Erde wachsen lassen, und uns verankern. Wir stellen uns vor, dass unsere Baumkrone, bestehend aus unzähligen Zweigen und Ästen, in alle Himmelsrichtungen wächst. Dies soll symbolisieren, dass wir unsere Potentiale entfalten, ohne uns durch aufkommende Winde aus der Verankerung reißen zu lassen, und den Weg zu verlieren. Wir animieren unseren Geist, die bisherigen Grenzen zu erweitern, um zu wachsen, und ein neues Ziel anzuvisieren. Wir visualisieren starke Baumwurzeln, die tief in den Erdboden hineinwachsen. Die Wurzeln symbolisieren unsere Absicht alles aus uns herauszuholen, damit wir Ablenkungen widerstehen können, um unser gestecktes Ziel zu erreichen.

Es gibt viele nützliche Übungen, um den Focus der Aufmerksamkeit auf den gegenwärtigen Moment zu lenken. Eine einfache Übung ist, dass ich mich für eine Weile auf einen kleinen Gegenstand z.B. eine Walnuss konzentriere. Ich muss darauf achten, dass meine Gedanken nicht abschweifen. Vielleicht hilft es, sich vorzustellen, dass jede einzelne Unebenheit der Nuss dokumentiert werden muss.

Das man sich durch eine längere Aufmerksamkeitsübung energetisch aufladen kann, habe ich aus eigener Erfahrung feststellen dürfen. Ich versuchte nach dieser Übung vergeblich eine Nachricht über mein Mobiltelefon zu schreiben. Es wollte mir einfach nicht gelingen. Mehrere Versuche missglückten. Danach ging ich eine Runde laufen, und hinterher, durch die neu gewonnene Erdung, war das Absetzen der Nachricht mühelos in die Tat umsetzbar. Dies zeigte mir auf sehr anschauliche Weise wie eine geballte Ladung Energie im alltäglichen Leben auch zu einem Problem werden kann, wenn man sich dessen nicht bewusst ist.

Wenn wir uns einen ruhigen Moment der Stille gönnen, und unsere nackten Füße auf einen mit Grass bewachsenen Boden stellen, dann kann dieser Bodenkontakt auch eine kurzfristige schnelle Erdung bewirken. Für einen kurzen Moment verbinden wir uns dann mit den Kräften der Natur, und können auftanken. Wie ich in dem Kapitel Astrologie noch näher beschreiben werde, hat jeder Mensch ganz individuelle Geburtsenergien. Diese Energien unterteilt in die vier Grundelemente Feuer, Erde, Wasser und Luft haben große Unterscheidungsmerkmale. Ich würde sagen, dass ich an mir feststellen durfte, dass die im Erdelement geborenen Menschen es hier oft etwas leichter haben. Sie kommen „dem Archetypus" des Landwirtes näher. Mit viel Ausdauer und mit Geduld wird in Seelenruhe das Saatgut für das Vorhaben bereitgestellt, und das Feld bestellt.

Zumindest meine Kinder, die beide im Luftelement geboren sind, brauchten viel Kraft und ständige Aufmerksamkeit auf die gegenwärtige Situation, um ihre Erdung zu behalten. Da besonders die im Luftelement geborenen Menschen einen sehr bewegten Geist haben, müssen sie aufpassen sich nicht zu verzetteln. Hier sehe ich auch eine Gefahr. Während gut gefestigte Personen sich in der spirituellen Szene sicherer bewegen können, sind die Leichtgläubigen gefährdet sofort alles für bare Münze zu nehmen. Die Leute ohne gute Erdanbindung, fangen an, Luftschlösser zu bauen. Da allerdings fast alles vom eigenen Fleiß abhängig ist, fallen sie tief, wenn nicht Glück oder Unerwartetes zu Hilfe kommt.

Meine persönlichen Erfahrungen zeigten, dass zu viel Erdanhaftung auch zu einem Hindernis für uns werden kann. Die goldene Mitte könnte hier eine Lösung sein. Wenn wir mit einem gesunden Menschenverstand voranschreiten, und auch mal stehen bleiben, um uns zu reflektieren, wird eine Überforderung unserer Kräfte unwahrscheinlicher. Mit einer über den Tellerrand hinausschauenden Geisteshaltung, können wir unseren Lebenspfad bereichern. Wie man dem Wort Erdung entnehmen kann, wird hier etwas auf die Erde gebracht. Eine Idee, die im Geist entsteht, zu einem Entwurf konkretisiert wird, um dann zu einem Produkt oder einer Handlung zu reifen. Der Zeitfaktor spielt hier eine sehr große Rolle.

Sehr wissende Menschen haben schon vor vielen Jahren entdeckt, dass unsere Schaffensenergie sehr von den Konstellationen des gegenwärtigen Planetensystems abhängig ist. Die meisten kennen den Satz: So wie oben, so auch unten. Zeit kann einen qualitativen oder quantitativen Charakter besitzen. Der Erfolg einer Sache hängt demnach immer auch von der bestehenden Zeitqualität ab. Wenn ich mich einer neuen Sache widme, prüfe ich auch, ob es hier „von oben" ein Okay gibt. Über die Astrologie bekomme ich hier immer gute Hinweise. Heutzutage ist es einfach sich über das Internet nützliche astrologische, weiterführende Informationen zu holen. Das Videoangebot ist groß und je besser ich mich selbst kennen lerne, umso besser weiß ich was ich zu leisten imstande bin.

Das Wissen der Astrologie

Die Astrologie hat mich schon in der Kindheit begeistert. Da hatte ich noch wenig Ahnung über die Zusammenhänge des Lebens und des Universums. Ich kannte nicht die Auswirkungen auf uns und unser Leben auf diesem Planeten Erde. Ich war nur fasziniert von den vielen Sternen, die zu sehen waren, wenn die Nacht klar, und unbeschreiblich mystisch auf mich wirkte. Ich war ein Kind mit viel Fantasie, und die Natur hatte eine ungeheuer große Anziehung auf mich. Da mein großes Interesse an Astrologie mich immer begleitete, sammelte ich hierzu viel Wissen an. In meiner heutigen Tätigkeit als Therapeutin komme ich mit den verschiedensten Menschen in Kontakt. Jeder Einzelne beeindruckt mich, und mein hierzu erlerntes Wissen konnte mir viele Fragen beantworten. Die Weltanschauung, die bei jedem Individuum eine andere ist, bereichert mein Leben. Die Erkenntnis, dass gegenwärtige Planetenkonstellationen mit den menschlichen Verhaltensweisen zusammenhängen, machte mich stets neugieriger. Ich bekam Lust immer weiter zu forschen. Durch Selbstreflektion bekam ich hier sehr detaillierte Informationen und konnte sie dann zuordnen. Das machte viel Spaß. Es kamen sehr vielen Aha-Momente! Ich beobachtete weiter und las Bücher, die mich beflügelten und inspirierten. Ich erkannte, dass sich unsere Geburtsenergien, in allen Facetten unseres Lebens widerspiegeln. Teilweise war ich sehr überrascht, welche persönlichen Erkenntnisse ich anhand meiner Geburtsdaten fand. Da ich hier nicht zu tief in die Materie eintauchen möchte, schon aber den Blick des Lesers erweitern will, teile ich hier gern einige grundlegende Erfahrungen mit. In einem vorausgegangenen Kapitel erwähnte ich, dass es vier Elemente gibt, die unsere Hauptenergien bilden. Luft, Erde, Feuer und Wasser. Zum Wasserelement zählt man die Sternzeichen Krebs, Skorpion und Fische. Die Feuerzeichen sind Löwe, Widder und der Schütze. Im wahrsten Sinne des Wortes in der Luft, können wir Zwilling, Waage und den Wassermann finden. Übrig bleiben die erdgeborenen Zeichen wie Stier, Steinbock und die Jungfrau. Während Steinbock geborene Personen durch ihren Erdaspekt gern gesichert und sehr bodenständig unterwegs sind, müssen die im Luftelement beheimateten Zwillinge sich sehr um Bodenkontakt bemühen, denn ihre vielfältigen Interessen lassen sie schon mal den Boden unter den Füßen verlieren, und oberflächlich erscheinen. Die wasserbetonten Sternzeichen sind im Gefühlsleben oft besonders emotional, wohingegen die im Feuerelement Geborenen über ein starkes Temperament verfügen. Jedes der 12 Zeichen verfügt über positive und negative Anlagen. Das Sternzeichen, in das man hineingeboren wird, zeigt eigentlich den Sonnenstand am Tag der Geburt an. Die Sonne wiederrum spiegelt unseren Ich-Charakter wider. Die Mondstellung am

Tag unserer Geburt zeigt unsere Aszendenten Veranlagung. Einige Astrologen sprechen hier auch vom Gemüt. Damit haben wir zu den eigentlichen Geburtsenergien, zusätzlich noch die in unserem späteren Lebensabschnitt dazukommenden Energien, des Aszendenten. Diese, sich im mittleren Lebensalter stark bemerkbar machenden Charakterzüge, sind die eigentlichen Persönlichkeitsmerkmale. Man könnte hier auch von einem Gemütskern sprechen. Einige Personen überdenken in dieser Phase ihr gesamtes Dasein und finden zu ihrer Bestimmung. Es gibt auch noch den Deszendenten, der unser Potential der Weiterentwicklung andeutet. Hier wartet Arbeit auf uns. Er ist ein Hinweis auf eine angelegte Leistungsfähigkeit. Wollen wir uns unserem Lebensplan entsprechend entwickeln, dann ist es gut sich den Deszendenten gut anzuschauen. Wenn ich ein tieferes Verständnis über die Astrologie möchte, dann braucht es einige Zeit, um das Zusammenwirken von Kosmos, und den daraus resultierenden Aktivitäten auf der Erde, zu verstehen. Die Planetenkonstellationen sind nicht zufällig, sie folgen einem Plan, der mit unseren kollektiven Handlungsabsichten dicht zusammenhängt. Die Planeten liefern Handlungsenergien, die von uns umgesetzt werden können, oder etwa durch Nichtbeachtung und Unwissenheit, ignoriert werden. Je mehr wir über all diese Thematiken erfahren, umso besser kann sich ein Selbstbild von uns einstellen. Je genauer ich meine angelegten Kräfte erkenne, kann ich sie auch produktiv nutzen. Hier möchte ich wieder auf einen gesunden Spirit verweisen, der diesen Fingerzeig erkennt, und konstruktiv für ein höheres Ziel einsetzt. Wenn ich z.b. als Stiergeborener (Erdelement) mit einem Aszendenten im Wasserzeichen (Skorpion) gesegnet bin, dann liegen hier sehr hohe Entwicklungschancen vor. Hier könnte man einen sehr ehrgeizigen, gut mit der Materie verbundenen, bodenständigen Angestellten finden, der mit einer Selbständigkeit liebäugelt. Da sein Aszendent die Wasserkräfte beinhaltet, und er daher ebenfalls mit guten Umsetzungskräften ausgestattet ist, kann hier etwas Großes gelingen. Natürlich sollten noch andere Wesensmerkmale und Charakterzüge vorhanden sein, aber die Grundvoraussetzungen hierfür sind gegeben. Ganz einfach ausgedrückt versteht jeder, dass wenn ich zu dem Grundelement Erde, ein Umwandlungselement Wasser gebe, dass etwas sehr Fruchtbares heranwachsen kann. Die doppelte Besetzung der Erde, also ein im Sonnenzeichen Stier geborener Mensch mit Aszendent Jungfrau kann dazu führen, dass ein Verlangen nach Sicherheit übermächtig wird. Dann bremse ich mich selbst in meiner Entwicklung aus, da ich unter Umständen keinerlei Risiken eingehen werde. Hier ist auch eine krankheitsbezogene Komponente zu finden. Zuviel Stabilität, schränkt eben die Flexibilität sehr ein. Gelenkprobleme können entstehen. Wenn ich mich tiefgründiger mit astrologischem Wissen befasse, kann ich erfahren, was mir grundsätzlich mitgegeben ist. Da ein Schritt raus aus unserer Komfortzone bekanntlich Neues in unser Leben bringt, bereichert es mich auch auf der persönlichen Ebene. Wie bereits oben erwähnt, ist jeder Mensch eine energetische Zusammensetzung der angeborenen Kräfte. Wenn nun überwiegend Erde, Wasser und Feuer vorhanden sind, dann ist das Fehlende unsere Ergänzung. In diesem Fall die Luftkomponente. Somit kann ich meine innere Mitte wiederfinden, in dem ich mehr Leichtigkeit integriere. Alles was mit Luft und Raum zu tun hat, kann mich motivieren. Mehr Bewegung an der frischen Luft kann die körperliche Konstitution verbessern. Die Anlagen der luftigen Zeichen Zwilling, Waage und Wassermann können mich geistig inspirieren und brechen auch schon mal ein lange vorhandenes Gedankenkonstrukt. Visionen, wie sie der Wassermann gerne hat, eröffnen mentale Kapazitäten. Meine Glaubenssätze zu überarbeiten, um ein Umdenken zu ermöglichen, schafft neuen geistigen Raum.

Ernährung und ganzheitliche Gesundheit

In der heutigen Zeit kann die richtige Ernährung schon mal zu einer echten Herausforderung werden. Erst recht, wenn mich Unverträglichkeiten, Allergien und andere gesundheitliche Einschränkungen zwingen, immer neue Informationen einzuholen. Grundsätzlich kann ich sagen, dass eine ausgewogene basische Ernährung, das Hauptgerüst bilden sollten. Wenn unser Körpermilieu über eine längere Zeit zu sauer ist, können die Zellen sich nicht adäquat reparieren. Wir müssen wissen, dass wir über Zellprogramme verfügen, die irritiert werden, falls das natürliche Milieu dauerhaft gestört wird. Außerdem sind unser Körper und unser Geist auf einen ständig wechselnden Informationsaustausch angewiesen. Um diese Körperkommunikation aufrecht zu erhalten, und sogar zu unterstützen, können wir durch ausreichendes Trinken, gezielt nachhelfen. Sicher gibt es hier geschmacklich sehr große Unterschiede. Um den ablaufenden Arbeitsprozessen entgegenzukommen, wäre es geeignet auf etwas sehr Natürliches zurückzugreifen. Daher sollten wir uns für ein gutes, gesundes Wasser entscheiden. Ein so genanntes" lebendiges Wasser" ist in seiner Qualität sehr hochwertig und kann die   Verstoffwechselung anschieben. Kohlensäurehaltige Getränke müssen vom Körper umgebaut werden, daher empfehle ich ein stilles Wasser. Durch ausreichendes Trinken wird die Informationsübertragung von Zelle zu Zelle beschleunigt, und die Organsysteme können anfallende Schlacke Stoffe gezielt abtransportieren. Um hier das altindische Wissen etwas in den Vordergrund zu bringen, erwähne ich hier das Ayurvedaprinzip. Wie ich noch ausführlicher beschreiben werde, gibt es im Ayurveda verschiedene Temperamente. Ein Kapha Typ z.B. kann sein Verdauungssystem anschieben, und in Schwung bringen, wenn er statt zu kaltem Wasser, eher zu warmen oder heißen greift. Der Hintergrund sind die Körpersäfte, die, in dem vorher beschriebenen Fall, durch warmes Wasser angeregt werden. Die drei Grundtemperamente der Ayurveda werden auch Doshas genannt. In dieser sehr alten, bewährten Gesundheitslehre, kommt dem Gedeihen des Menschen, ein hoher Stellenwert zu. Wir können hier erfahren, dass es nicht nur die eine richtige Ernährung gibt, sondern immer individuell auf den Konstitutionstyp abgestimmte Mahlzeiten und Kräutermischungen. Jedes Individuum, da es mit der Natur eng verbunden ist, reagiert sehr unterschiedlich auf den Wechsel der Jahreszeiten. Um unser körperliches und geistiges Wohlbefinden zu steigern, finden wir, in diesem gesammelten Wissen, einige wichtige Zusammenhänge. Ayurveda - Das Wissen vom Leben, kann uns aufschlussreiche Informationen geben, wie Gesundheit und Krankheit zusammenhängen. In dieser Lehre erkennen wir die grundlegenden Bausteine der gesamten Natur und des Menschen. Vorausgehend aus den fünf Elementen Erde, Feuer, Wasser, Luft und Raum, wurde das Prinzip der Tridoshas zu einer weisen Lebensphilosophie. Das Prinzip ist eng mit dem jahreszeitlichen Rhythmus der Natur verknüpft. Die drei Doshas heißen: Kapha, Vata und Pitta. Jedes der Doshas ist aus zwei Elementen zusammengesetzt. Vata: Raum und Luft, Pitta: Feuer und Wasser, Kapha: Wasser und Erde. Die drei Lebensprinzipien steuern unsere biologischen und geistigen Vorgänge. In einem perfekten Zusammenspiel, könnte hier ein gutes Gleichgewicht, Gesundheit und Wohlbefinden entstehen. Als Hauptmerkmale der Energien könnte man Vata der Bewegung, Pitta der Umwandlung und Kapha der Stabilität zuordnen. Wenn demzufolge also in einer Person ein Überhang eines Prinzips vorherrscht, dann kann das gesamte System des Menschen, aus dem biologischem Gleichgewicht kommen. Je nachdem welches dominant wird, kann es zu körperlichen, geistigen oder seelischen Problemen führen. Auf der Körperebene kommt es darauf an, welche Abläufe durch das vorherrschende Dosha reguliert werden. Unser Verdauungsfeuer, im ayurvedischen Agni genannt, ist ebenfalls von all dem vorher genannten abhängig. Vata-Typen haben eher ein unregelmäßiges Agni Feuer, bei Kapha brennt es schwach, bei Pitta dagegen stark. Ist dieses Agni aus den vorher genannten Gründen schwach, oder fehlt Umwandlungsbewegung, dann führt es zu vermehrten Schlacke Ansammlungen. Auch hierfür gibt es in der altindischen Lehre einen Begriff, Ama- Ansammlung, genannt. Weiterhin wichtig ist, dass wir mehr Augenmerk auf die unterschiedlichsten Geschmacksrichtungen legen sollten. Ohne Rücksicht auf unsere Vorlieben, sind die geschmacklichen Empfindungen süß, sauer, salzig, bitter, herb und scharf aus naturbelassenen Kräutern, abwechselnd auf den Speiseplan gebracht, eine bereichernde Entscheidung. Unsere gesamte Lebensdauer und Vitalität sind von natürlich ablaufenden Prozessen abhängig. Gesunde Speisen sorgen also für eine ausdrucksstarke Ausstrahlung, Stärke, Immunität und für geeignete Wärmeprozesse. Wenn wir also die biologisch ablaufenden Funktionen unterstützen wollen, finden wir hier geeignete Ansatzmöglichkeiten. Wer seinen Konstitutionstyp gut kennt, kann Gesundheit leben, und Krankheiten vorbeugen oder abschwächen. Ich gebe zu, dass wir in einer Zeit leben, wo all dies zu bedenken sehr zeitaufwendig ist. Wenn wir in bestimmten Lebensphasen nur funktionieren, dann brauchen wir ein gutes Zeitmanagement, um auch für die Nahrungszubereitung ausreichend sorgen zu können. Ein Leben in Balance verlangt Disziplin und vor allem Wissen. Ein weiterer Ansatz aus dieser indischen Lehre ist das Fasten. Es ist ein kleines Abenteuer, sich das erste Mal darauf einzulassen. Sicher ist es wie vieles andere auch, zuallererst einmal eine Kopfsache. Wenn ich mich dann auf diesen Prozess eingelassen habe, läuft es fast wie allein. Sehr viel Trinken ist ein Muss. Das anfängliche Hungergefühl verringert sich von Tag zu Tag. Die Verstoffwechslung bekommt eine ausreichende Pause, und die Zellregeneration kann tiefgreifende krankhafte Abläufe zum Teil korrigieren. Ein magischer, interessanter Nebeneffekt ist, dass wir in dieser Zeit sehr viel träumen. Mit etwas Glück kann es sogar zu einem Klartraum kommen. Hier hat man das Gefühl, wach zu sein, obwohl man schläft. Oft kann man sich hinterher noch genau an all die Handlungen des Traumgeschehens erinnern. Heutzutage ist Intervallfasten in aller Munde. Mahlzeiten wegzulassen, um das Verdauungssystem zu entlasten, ist seit vielen Jahrhunderten ein altbekanntes, ganzheitliches Heilverfahren. In unserer Wohlstandsgesellschaft kommt Hunger eher in vereinzelten Regionen vor. Hier in der westlichen Zivilisation sollten wir von Appetit sprechen. Wie nun oben ausführlich beschrieben, sollte unsere Nahrungsaufnahme generell gut durchdacht werden. Frisch zubereitetes Essen verfügt über eine bessere Qualität, und wenn die Nährstoffaufnahme unserer Konstitution entspricht, kommen wir den körperlich ablaufenden Funktionen entgegen. Einen hohen energetischen Anteil nimmt die Entgiftung ein. Für jeden dieser Vorgänge müssen die Entgiftungssysteme viel Arbeit leisten. Unser geistiger Zustand ist immer eng mit dem körperlichen verbunden. Es sollte für uns eine Selbstverständlichkeit sein, dass nach einer reichlichen Genussmittelaufnahme auch eine Verzichtzeit erfolgen muss.

Spiritualität, ein Schlüssel um zu mehr Lebensweisheiten zu gelangen

Das Wort Spiritualität zu beschreiben ist gar nicht so einfach. Ich kann hier nur wiedergeben, wie ich das sehe. Für mich bedeutet es sowohl Lebensphilosophie als auch im Einklang zu sein, mit allem was ist. Ich erinnere mich noch sehr gut an meine Kindheit. Ich kann von mir behaupten, auch in diesen frühen Kindheitsjahren, die Kraft des Spirituellen wahrgenommen zu haben. Ich ging damals oft allein in einen angrenzenden Wald, um mit mir und der Welt ins Reine zu kommen. Es gab in mir ein großes Bedürfnis, mein Innerstes an einem ruhigen Ort, zu befreien, um in mich hineinzulauschen.

Ohne dass es mir jemand sagte, war ich fest davon überzeugt hier Gehör zu finden. Manchmal hielt ich mich dabei an einem Baum fest. Ich zelebrierte meine Gedanken. Ich zweifelte keine Sekunde daran, dass es höhere Kraftquellen gab. Ich hatte auch das Gefühl gehört zu werden. Ich denke dabei zurück, an einen großen Wunsch, der später auch tatsächlich für mich in Erfüllung ging. Jahre später in der Arbeitswelt angekommen, blieb hierfür nicht mehr so viel Zeit. Aber ich konnte feststellen, dass mein Interesse an übernatürliche Phänomene, über die ich las oder die sich ereigneten, nie ganz verloren ging.

Ich zweifelte nie die Existenz von etwas Nichtgreif-baren an.

Es gab immer wieder Lebensabschnitte, da trat es für mich wieder mehr in den Vordergrund. Es kamen auch Themen der Esoterik dazu. Ich las viele Bücher hierzu, und sammelte ein umfangreiches Wissen an. Einige Zeit beschäftigte ich mich auch mit Engelenergien. Zu dieser Zeit wurde „das Wünsche ans Universum senden", sehr populär. Diese Magie verzauberte mich, allerdings gehörte ich immer eher zu den Frauen, die machen, anstatt zu träumen.

Als meine Kinder dann kamen, rückten diese lebenshinterfragenden Themen wieder mehr in den Hintergrund. Eine weise innere Stimme, das alles tief miteinander verbunden ist, war allerdings immer präsent. Ich möchte diese Stimme hier gern etwas näher beschreiben: Sie klingt wie ein kleiner abgeklärter Buddha. Diese Stimme ermutigt mich zu einer demütigen, inneren Haltung. Eine Achtung meiner Selbst, zu dem was existiert, und mir in meinen Lebensumständen begegnet.

Eine gesunde spirituelle Wachsamkeit zu leben, gehört für mich zu eines der größten Aufforderungen des Lebens. Wenn ich mich zu sehr in spiritistischen Gedanken Konstrukten verliere, dann macht es mich machtlos. Treffe ich gute Entscheidungen, die mich im Leben voranbringen, und binde etwas von dieser hohen Kraft mit ein, lässt es mich wachsen. Sie unterstützt mich, wenn sehr große Herausforderungen mir fast den Boden unter den Füßen wegreißen. Wer diese übermächtige Kraft mit ins Leben integriert, kann kleine Wunder erwarten. Wenn wir wach durchs Leben gehen, kann diese Form der Magie sehr wertvoll sein. In sehr vielen Situationen wäre ich ohne diesen tiefen Erfahrungsschatz überfordert gewesen. Tiefe Spiritualität sehe ich als einen sehr großen echten Reichtum. Ich spreche nicht von einer aufgesetzten spirituellen Maske.

Wer nicht versteht, dass Leben in erster Linie Lernen ist der kann leicht stolpern. Unser Dasein hält für alle Menschen große Lernaufgaben bereit. Dies können Schicksalsschläge und sehr große Herausforderungen sein. Für manche kostet die Bewältigung ihres Alltages schon sehr viele Nerven. Diese ureigenste geistige Verwurzelung mit allem was existiert, hat mir bei meiner Alltagsroutine gute Dienste geleistet. Diese geistige Haltung, die in ihrer Reinheit nicht durch Worte zu beschreiben ist, verhalf mir mit Zuversicht in den morgigen Tag zu schauen. Sozusagen eine Ur-Kernpersönlichkeit, die sich einbringt und selbst managet ohne mein Dazu tun. Sie lehrte mich Bescheidenheit, Ehrlichkeit, Mitgefühl, ein sich zurücknehmen können und vor Allem Demut. Dieses bewahrte mich davor zu sehr abzuheben. Ich durfte einige Personen kennen lernen, die so von dieser feinstofflichen Energie gefangen waren, so dass sie ihr Leben nicht mehr in Griff hatten. Wenn ich mich in irgendeiner Art und Weise durch diese übermächtige Kraft in den Vordergrund spielen möchte, selbst wenn dieses unbewusst geschieht, verliere ich an Handlungskapazität. Sollte ich mich in irgendwelchen Situationen als der, oder die Auserwählte sehen, wird mich das nicht gerade voranbringen. Es schwächt meinen Lebensfunken eher. So, ist es meiner Meinung nach auch nicht besonders hilfreich. Es bleibt uns nichts anderes übrig, als dass wir uns mutig und entschlossen als Kämpfer dem Stellen, was kommt.

Wie ich an einer anderen Stelle bereits erwähnt habe, verleiht die Einfachheit Halt. Dieses möchte ich noch einmal betonen. Daher kann ein übertriebener geistiger Ansatz sich schnell ins Negative umkehren. Wenn wir, die uns innewohnende Macht abgeben, steuert unser Schiff ohne Navigator. Sollten sich uns große Hindernisse in den Weg stellen, ist Durchhalten schon mal wegführend. Sollte unser Bauchgefühl in einigen Situationen zu sehr rebellieren, ist vielleicht sogar ein Loslassen von Vorteil. Wenn ich als Meister mit den mir zur Verfügung stehenden Möglichkeiten und einer reinen Gesinnung, an die mir zugedachten Aufgaben gehe, dann darf ich auch vertrauen.

Ein ausgewogenes Jonglieren mit den kosmischen Schöpfungselementen: Feuer, Erde, Wasser und Luft, ausgestattet mit einem „gesunden Geist". Ein zu starkes innerliches Feuer (Geist) kann mich verbrennen. Ein viel zu schwach Brennendes, lässt die ungelebten Talente sterben. Das Wasserelement wird den Gefühlen zugeordnet. Zuviel Wasser kann mich dauerhaft mit Emotionen und Gefühlen überschwämmen und lähmen. Zu wenig davon, kann unsere Empathie blockieren, und uns kalt wirken lassen. Luftaspekte könnten mich verleiten etwas zu locker zu sehen. Fehlt uns die Leichtigkeit, verlieren wir eventuell schnell die Freude, oder der Spaßfaktor kommt gar nicht erst auf. Das erdgebundene Potential liebt Sicherheit über alles. Wenn ich aber jedes Risiko scheue, kann ich in meiner Komfortzone stecken bleiben. Aber Weiterentwicklung findet bekanntlich immer außerhalb der Komfortzone statt.

Alles ausgenommen des Gewohnten lässt uns wachsen. Ein wohl gut durchdachtes Wagnis, eröffnet mir großartige neue Möglichkeiten, und neue Ressourcen. Ich kann einen besonnenen Blick auf das große Ganze richten, und darum bitten, mein Vorhaben abzusegnen. Eine Selbst -und Eigenreflektion lässt mich von Zeit zu Zeit innehalten, damit ich mich nicht selbst verliere. Der Funken, der sich als feine Nadel in wichtigen Momenten bemerkbar macht, und als leichte Vorahnung dessen, was unmittelbar bevorsteht, eine Wegbeschreibung leicht durchscheinen lässt. Der wache Geisteszustand, der den Weg der Illusion erahnen lässt, und mit doch genügend menschlichem Verstand, der vielversprechenden Verlockung widerstehen kann. Ein roter spiritueller Faden zieht sich durch mein gesamtes Leben.

Durch meine Entscheidungen und die daraus resultierenden Ergebnisse. Ich bin einige Wagnisse eingegangen, und ich habe mich oft von festgefahrenen Situationen distanziert. Wohl wissend, dass hiermit eventuell ein Abstieg beginnt. Aber vertrauend darauf, dass das, was kommt willkommen ist. Wir bewegen uns laut astrologischen Vorhersagen im Wassermannzeitalter. Dieses wird ja vom Luftelement, da der Wassermann ein Luftzeichen ist, geprägt. Merkur, Planet des konkreten Denkens, wird in der kommenden Zeit wichtiger denn je. Er verleiht den Menschen, genau wie der Uranus, der auch als höhere Oktave des Merkurs bezeichnet wird, geistige-intellektuelle Fähigkeiten. Unter starkem Uranuseinfluss kommen Ideen als Geistesblitze, gute Denkansätze aus der Intuition und aussagekräftige Innovationen, die heilend auf uns und unsere Erde wirken.

Wir gehen alle einem ungewissen Zeitalter entgegen. Vielleicht orientiert sich die Menschheit mehr in Richtung künstliche Intelligenz. Ich persönlich, bin der Meinung eine Maschine kann den Menschen nicht ersetzen. Wohl aber ergänzen. Ich vertrete die Annahme, dass eine intuitive Intelligenz, die in Form einer Idee entspringt durch nichts zu ersetzen ist. Eine emotionale Intelligenz, die uns als „Spezies Mensch" innewohnt, und im Kontakt mit unseren

Mitmenschen unverzichtbar ist, nicht ausgetauscht werden kann. Die Verstandesintelligenz wurde von uns fälschlicherweise zu oft überbewertet. In beruflichen sowie in zwischenmenschlichen Belangen sollten wir öfter unser Herz sprechen lassen. Möge ein Umdenken jeden Einzelnen dazu bewegen in ein harmonischeres Miteinander und demütigeres Verhalten zur Umwelt zu gelangen. Das Schöne und Einmalige der Natur kann uns inspirieren und als Vorlage dienen. Mit der Natur zu agieren und nicht gegen sie.

Ich habe sehr lange gebraucht, um zu verstehen, wie die menschliche Existenz in Verbindung zu dem göttlichen Prinzip steht. Das Göttliche wird auch oft mit dem Wort Ordnung verglichen. Heute begreife ich den Menschen als einen Ausdruck Gottes. Jeder Mensch in seiner einzigartigen Individualität der mitgebrachten Energien. Die Motivation der Seele, sich dem Wachstumspotential zu stellen, ist nur bei sehr wenigen besonders ausgeprägt. Es braucht schon enorm viel Arbeit und Wissen, um aus dem Unbewussten in eine Klarheit zu gelangen. Viele Menschen bleiben im sogenannten "Funktionsmodus" des Unbewussten stecken. Hier kann es sehr leicht dazu kommen, dass man innerlich aufgibt. Viele Faktoren wie Krankheit, Verbitterung und Unwissenheit tragen dazu bei. Ich selbst besitze wohl eine hohe Motivation, das Leben als eine Art Lebensschule zu sehen. Gemäß dem Zitat von

Thomas von Aquin „Habe dein Schicksal lieb, denn es ist der Gang Gottes durch deine Seele". Ich persönlich hadere nicht mit meinem Leben. Ich habe Freude und Leid erfahren, und sehe es durch die Brille der Weisheit. Die Tiefe unserer gemachten Lebenserfahrungen ist wichtig. Erst wenn unser Inneres durch Eigen- und Selbstreflektion aufgearbeitet ist, können wir Anderen durch echte Mitmenschlichkeit eine sehr große Hilfe sein.